AF212037

Cuando mi voz calle con la muerte, mi corazón te seguirá hablando.

Rabindranath Tagore

Los sueños de Ilán

Primera edición: febrero 2025

Texto: © 2025 Begoña Ibarrola

Ilustraciones: © 2025 Zichao Yuan

Revisora técnica: Mercedes Bermejo

Directora de producción: M.ª Rosa Castillo

Diseño y maquetación editorial: Pleka

© 2025 Editorial Sentir es un sello editorial de Marcombo, S. L.
Avenida Juan XXIII, n.º 15B 28224 Pozuelo de Alarcón (Madrid)
www.editorialsentir.com
Contacto: sentir@marcombo.com

© 2025 Asociación Coloria World
www.coloria.org

ISBN: 978-84-267-3922-3

Depósito legal: B 22919-2024

Impresión: Sistemes

Printed in Spain

Los sueños de Ilán

Begoña Ibarrola

Zichao Yuan

Editorial
Sentir

COLORIA

Aquel lugar no le gustaba, pero sabía que no podía elegir dónde estar ni qué hacer en ese momento. Por eso, cuando llegaba la noche, Ilán se sumergía en el mundo de los sueños.

Y cada noche soñaba algo diferente que a veces ni él mismo comprendía, aunque su abuela era muy buena en interpretar sueños.

—Abuela, hoy he soñado que era una llama muy brillante
que flotaba en el aire hasta que, de pronto, me convertía
en una hoguera en la que se calentaban unos pastores.

—Ah, ¡qué interesante! —le contestó ella—. Cuánta luz
y calor da una hoguera, y qué bien se sentirán
los pastores en las noches heladas.

Pero Ilán tenía una pregunta que daba
vueltas en su cabeza:

—Abuela, ¿dónde vamos cuando soñamos
si el cuerpo se queda en la cama?

—No solo tenemos un cuerpo, Ilán, hay algo más en nosotros que puede volar y viajar por el universo.

Ilán se quedó pensando que, a lo mejor, el cuerpo era lo único que enfermaba porque, en sus sueños, se sentía fuerte y sano, sin ningún dolor.

—Abuela —le dijo otro día—,
esta noche he soñado que
era un río; tenía mucha fuerza
y saltaba por encima de las piedras.
Pero, de pronto, me convertía en
mar, un mar de un precioso color
azul verdoso.

—Ah, ¡qué interesante! —le contestó ella—. Qué maravilloso es el mar y cuánta vida hay en su interior. Se me ocurre una idea: ¿quieres que te traiga un cuaderno y pinturas para que dibujes tus sueños?

A Ilán le gustó mucho la idea y, a partir de aquel día, al finalizar la visita de su abuela, dibujaba sus sueños.

—Abuela —le dijo al día siguiente—, esta noche he soñado con una flor preciosa. Mientras la miraba, comenzó a marchitarse y yo me puse triste. Pero la flor me dijo que no me sintiera mal porque ella dejaba sus semillas en la tierra, y de cada una nacerían otras flores. Y así fue, porque al instante me encontré sentado en medio de un prado lleno de flores, tan bonitas como ella.

—Ah, ¡qué interesante! —le contestó su abuela—. La flor tiene razón.

Ilán, con voz triste, la interrumpió:

—¡Qué pena que las personas no dejemos semillas al morir!

—¿Eso crees? Pues estás muy equivocado; lo que pasa
es que son semillas diferentes.

—¿Y qué semillas dejó el abuelo?

—¡Muchísimas! En mí sembró su amor y de él nacieron tres preciosos hijos, uno de ellos tu padre; después un montón de amigos, miles de sonrisas y gestos cariñosos, y sembró también su humor en mucha gente, algo necesario en un mundo tan serio.

Ilán sonrió al recordar algunas de sus bromas. El día que dejó de hacerle reír se dio cuenta de que algo le pasaba.

—Abuela —le dijo en la última visita—, esta noche
he tenido un sueño muy especial.

Sus ojos brillaban de emoción.

¿CÓMO TERMINARÍAS TÚ ESTA HISTORIA?

¿CÓMO LA DIBUJARÍAS?

PROPUESTA DE ACTIVIDADES

1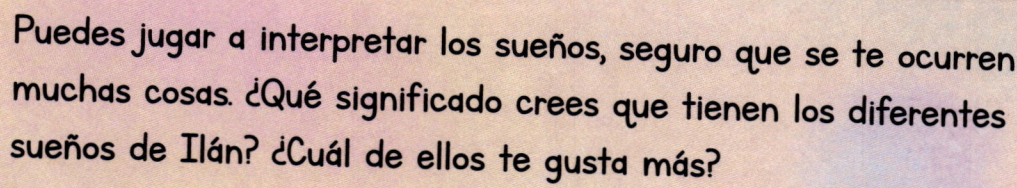

Puedes jugar a interpretar los sueños, seguro que se te ocurren muchas cosas. ¿Qué significado crees que tienen los diferentes sueños de Ilán? ¿Cuál de ellos te gusta más?

El 1. _____

El 2. _____

El 3. _____

¿Y qué crees que significa el sueño que tú has escrito al final?

2 Te sugiero que dejes un cuaderno y un bolígrafo en tu mesilla. Al despertarte, escribe o dibuja los sueños que recuerdes. Todas las noches soñamos, lo que pasa es que a veces no nos acordamos. Esto es un truco para recordarlos. Puedes utilizar el momento antes de irte a dormir para hacerte una pregunta, pensar en algo que te gustaría conseguir o encontrar respuesta a algo que te inquiete. Al despertar del sueño, seguramente te llegarán buenas ideas que no debes olvidar, así que usa tu cuaderno también para recogerlas.

3 ¿Alguna persona de tu familia ha muerto? ¿Te gustaría escribirle una carta o hacerle un dibujo? Seguro que le gusta.

4 Redondea qué emociones crees que sentirá Ilán mientras está en el hospital:

MIEDO   TRISTEZA   ENVIDIA

CURIOSIDAD   ALEGRÍA   ENFADO

SORPRESA   CELOS   OTRAS . . .

5 ¿Cómo te imaginas el lugar donde van las mascotas cuando mueren? Puedes dibujarlo. ¿Y cómo te imaginas el lugar donde van las personas al morir? Puedes dibujarlo.

¿Cómo le hacen sentir a Ilán las visitas de su abuela? **6**

RECOMENDACIONES PARA LOS ADULTOS QUE UN DÍA FUERON NIÑOS

Nacer y morir es parte ineludible de nuestro ciclo vital. Afrontar este asunto con los niños es algo bastante complicado porque suelen ver la muerte como algo ajeno a su entorno. Por ello, la pérdida de un amigo o familiar es un asunto delicado y muchas veces es un tema del que se evita hablar en la familia.

Enseñarle a vivir a un niño no es mostrarle solamente las cosas buenas y agradables de la vida, sino también ayudarle a comprender que en ella hay sufrimiento y dolor, frustración y desilusión, enfermedad y muerte.

Si preparamos bien a los niños para que puedan enfrentarse a las pérdidas y a los sentimientos que estas provocan, estarán más capacitados para saberlas manejar cuando aparezcan y contarán con recursos internos para poderlas vivir sin que afecten demasiado a su equilibrio emocional.

Elizabeth Kübler-Ross, en su libro Los niños y la muerte, nos plantea una reflexión que me parece interesante. Nos dice que los que aprenden a conocer la muerte, más que a temerla y a luchar contra ella, se convierten en nuestros maestros sobre la vida. En sus investigaciones encontró a cientos de niños que sabían mucho más de la muerte que los adultos y que, por ello, podían enseñar a sus propios padres a enfrentar este hecho inevitable, e incluso podían ayudarlos a encontrarle un significado.

Conviene conocer cómo entienden la muerte los niños según su edad:

► **De 0 a 3 años:** para ellos, la muerte no es un concepto real ni formal, se percibe como separación o abandono. Al tratarse de niños pequeños, debemos mantener sus rutinas y horarios. De esta manera, les transmitiremos tranquilidad, seguridad y estabilidad en el ambiente, aunque perciban que algo está pasando.

► **De 3 a 5 años:** al principio, los niños desarrollan su pensamiento prelógico (creencias mágicas y egocéntricas), y la muerte para ellos es un fenómeno pasajero y reversible. Es una etapa de muchas preguntas y debemos estar preparados para responder a sus dudas del modo más claro posible. A medida que se acercan a los 6 años, verán la muerte como un hecho natural y comprenderán que todo lo que tiene vida puede morir: una planta, un animal, un ser humano…

► **De 6 a 10 años:** la capacidad de razonamiento y de pensamiento lógico va siendo mayor y, por ello, van tomando una consciencia gradual de que el concepto de muerte es un fenómeno irreversible y permanente. Algunos niños empiezan a tener la iniciativa de querer participar en los rituales de despedida; esto es adecuado siempre y cuando les hayamos explicado con suficiente antelación en qué consistirán.

► **Más de 10 años:** a esta edad ya tienen un pensamiento abstracto con un razonamiento filosófico sobre la muerte. Comprenden que es irreversible, universal e inevitable. Todo el mundo, incluso ellos mismos, va a morir, tarde o temprano. Aunque la propia muerte se percibe muy lejana, hay un período crítico de aceptación. En esta etapa, y ya en la adolescencia, los padres pueden convertirse en modelos de cómo asumir una pérdida, expresar emociones y ser resilientes. Para ello, debemos mostrarnos cercanos, empáticos y, sobre todo, dispuestos a escuchar.

Debemos comprender que la forma en que las personas perciben la muerte, lo que pasa después de ella y los ritos de despedida suele estar directamente relacionada con la cultura; una mezcla de creencias, valores, comportamientos, tradiciones y rituales que comparten los miembros de un grupo cultural. Cada grupo tiene sus propios rituales para la expresión del duelo. Realizar estas prácticas brinda un sentido de estabilidad y seguridad. Los rituales pueden ayudar también a las personas que están muriendo y brindar consuelo a los seres amados que se están preparando para la pérdida o que ya están viviendo un proceso de duelo.

Las emociones que se viven en estas circunstancias son muy diversas tanto en su forma como en su intensidad. En ese proceso el niño puede atravesar diferentes fases en muy poco tiempo: lo habitual es un comienzo de negación, ira o miedo; después, tristeza o incluso culpabilidad; y, por último, la integración de la pérdida y la vuelta a la normalidad a través de la aceptación. No obstante, debemos tener en cuenta que cada niño es distinto y que puede expresar sus sentimientos de manera diferente. Los padres debéis estar atentos a sus reacciones y transmitirles apoyo en cada momento. Si el proceso de duelo dura demasiado o afecta a su equilibrio emocional, podéis acudir a un psicoterapeuta para ayudarle a integrar la situación y a gestionar sus emociones.

El duelo de los niños puede ser diferente al de los adultos. La manera en que conciben las pérdidas y procesan el duelo también depende de la edad. Algunas señales de duelo en los niños que debemos tener en cuenta son las siguientes:

- Cambio repentino en el apetito
- Miedo a sentirse solo o a ser abandonado
- Rabietas
- Problemas para dormir
- Regresiones en su comportamiento
- Comportamiento agresivo
- Deja de interesarse por sus actividades favoritas
- Enfado, culpa o vergüenza
- Distanciamiento de otras personas
- Indiferencia, pasividad
- Problemas de concentración
- No querer ir a la escuela
- Mutismo

El proceso de duelo reestructura la vida emocional, social y espiritual de los afectados, pero uno de los errores que suelen cometer algunos padres es querer evitar que sus hijos pasen por una situación dolorosa, mintiendo, negando o maquillando la situación y disimulando su dolor. Como padres, no podéis proteger a vuestros hijos del dolor de una pérdida, pero podéis ayudarlos a desarrollar habilidades de afrontamiento saludables. Pasar el duelo de una manera sana, y seguir viviendo y asimilando esa pérdida, es fundamental para su bienestar.

Os doy algunas recomendaciones:

- ▶ No mientas ni engañes. Para afrontar esta cuestión siempre hay que ir con la verdad por delante, porque la muerte es consustancial al ser humano y evitar hablar de ella es evitar reconocer la realidad de nuestra naturaleza.

- ▶ Adapta tu mensaje a la edad del niño y a su capacidad de comprensión; a veces, no es necesario explicar demasiadas cosas. Estar disponible y a la escucha puede ser más importante que tus palabras.

- ▶ No ocultes tus propios sentimientos, exprésalos con naturalidad y permite que él también los exprese.

- ▶ Escucha sus preguntas y responde con honestidad; es mejor decir «No lo sé» que callar y construir una barrera de silencio.

- ▶ Respeta su ritmo en el proceso de duelo, acompáñalo y ayúdale a encauzar sus emociones a través de la expresión artística.

- ▶ Puedes ofrecerle diferentes maneras de despedirse del ser querido o preguntarle por sus ideas para un ritual de despedida o hacer juntos un álbum de recuerdos de la persona fallecida.

- ▶ En caso de que sea él quien está viviendo sus últimos momentos, bríndale la oportunidad de dejar mensajes en forma de dibujos, cartas o grabaciones para su familia y amigos.

- ▶ Intenta que sus últimos días sean una celebración de la vida que habéis compartido, del afecto que ha dado y recibido y del impacto que ha dejado su presencia en la vida de las personas.

- ▶ Pide ayuda a sus profesores o amigos para que le ayuden también en este proceso y puedan despedirse, mientras él recibe sus muestras de afecto.

Begoña Ibarrola

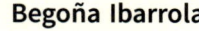

BiOGRAFÍA

Begoña Ibarrola

Licenciada en Psicología por la Universidad Complutense de Madrid (1977). Terapeuta infantil y juvenil durante quince años. Experta en musicoterapia, inteligencias múltiples, educación emocional y neuroeducación. Lleva 45 años impartiendo formación al profesorado y a las familias sobre estos temas. Conferenciante nacional e internacional y asesora en numerosos proyectos educativos.

Tiene publicados más de 270 cuentos en seis editoriales, algunos traducidos a once idiomas. Entre ellos, encontramos *Cuentos para sentir*, título de referencia para miles de familias y educadores, *Cuentos para educar niños felices*, *Cuentos para descubrir inteligencias*, *Genialmente*, *Yo también soy diferente*, *Cuentos para familias felices*, etc. En la editorial Sentir tiene publicados dos cuentos: *Comprende a miedo* y *Dani tiene una hermanita*.

PRESENTACIÓN DE EDITORIAL SENTIR Y COLORIA

Tienes en tus manos un libro muy especial, resultado de la colaboración entre dos entidades comprometidas con el bienestar y el desarrollo de los niños y niñas. Por un lado, **Coloria**, una ONG que inspira a menores de todo el mundo a descubrir sus superpoderes, y por otro, **Editorial Sentir**, cuyo objetivo es acercar la psicología y la educación a los más pequeños a través de cuentos que promueven el desarrollo personal y emocional.

Lo que hace único a este libro no es solo el contenido que encontrarás en sus páginas, sino también la causa que respalda. Con cada libro que adquieres, estás contribuyendo a los proyectos solidarios de **Coloria**, que tienen un impacto directo en la vida de niños y niñas en situación de vulnerabilidad. Creemos firmemente que cada pequeña acción cuenta, y tu elección de ser parte de esta iniciativa marca una diferencia real.

Además, en línea con los valores que compartimos ambas entidades, este cuento no tiene un final predefinido.

Creemos que cada persona aporta una visión única y, por eso, te invitamos a ser parte de la historia, creando tu propio desenlace. Nadie mejor que tú puede dar vida a un final que resuene con tus propias experiencias y sentimientos.

Desde **Coloria** y **Editorial Sentir**, queremos agradecerte tu compromiso, por acompañarnos en este camino y por creer, como nosotros, que es posible construir un mundo más amable y acogedor para los más pequeños. Gracias a ti, seguimos trabajando para que cada niño y niña pueda descubrir su potencial y crecer en un entorno lleno de oportunidades y respeto.

Con todo nuestro cariño,

Mercedes Bermejo
Directora Editorial Sentir
info@editorialsentir.com

Pedro Vaquero
Fundador ONG Coloria
info@coloria.ong

www.editorialsentir.com

www.coloria.ong

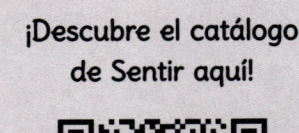

¡Descubre el catálogo de Sentir aquí!

¡Y el catálogo de Coloria aquí!